beleléu
caio balaio

cacha
lote

beleléu
caio balaio

EXAME DE TOQUE (PERFIL)　　　　　15

　　　　　CADERNO DOS AMASSOS

URINOL　　　　　　　　　　　　19
GENÉRICO　　　　　　　　　　　20
CINÉFILO　　　　　　　　　　　21
SUGESTA　　　　　　　　　　　 22
GATÃO DA PIROCONA　　　　　　23
MATRACA　　　　　　　　　　　 26
SUSPEITO　　　　　　　　　　　27
ASTRONAUTA　　　　　　　　　　28
CORNO　　　　　　　　　　　　 29
PIPOCA *(TODO MUNDO COME)*　　31
REI DO ANIMAL　　　　　　　　　32
CHICO-PE　　　　　　　　　　　33
BOOKSTER　　　　　　　　　　　35
CAPA DURA　　　　　　　　　　 37

TERMÔMETRO DE PLÁSTICO

IDÍLIO SUJO	41
MARCINHA	42
INFERNO (EM PEDAÇOS)	43
😈	44
STALKER	45
SURFISTA	46
FABIO D4MOTT4	49
😇	50
ALIADO	51
BROXXA	52
PRESENÇA	53

BELELÉU

TIRO CEGO	57
FALSO AMOR	58
ARGONAUTA	60
MASSOTERAPEUTA	62
DR. SANDRA LEE	65
CHAVERIM	66
EFEITO ESPECIAL	68
JOCK STRAP	69
HATER	71
FURRY	74
OTÁRIO	76
FAAAALSO	77
PIRATA	78
CONTATIM	79
PATIM	80
RUA BANDEIRA	82
ANTI-HERÓI	83
NO FACE	84
P/ VAMPIRO	86
TATUADO	88
NORMAL	89
CARACOL	90
DUMB	92
TURISTA	94

CARNE FARSA

ANT. CÍCERO	99
COMPANHEIRO	100
AMOR NOVO	101
CONTAGIOSO	108
CACHORRO	109

CADERNO DOS NOMES

DANIEL	113
CAIO CLONE	116
HISGO	117
NINA	118
HELENA	122
LUCAS	123
LEDUX	126
VITAL	127

*pro charlie,
quando dinossauros voavam sobre nossas cabeças.*

poesia é pose e fetiche
Ana Cristina Cesar

*cafonice intrínseca
auto ironia a toda prova*
NOPORN

*cê tem meu whatsapp
quando der vontade
se sentir saudade
se sentir carente
ou lembrar da gente
me chama que eu vou*
Tarcísio do Acordeon

EXAME DE TOQUE (PERFIL)

[por fora]

falam q é apertado
falam q é macio
falam q de lado
sempre cabe mais um

serve ao sono de muitos homens
falam eles   q sonho q sonho
e é peludo

poderia ser meu peito
mas é do toba q eu tô falando

[por dentro]

peludo e macio
e só um pouco apertado
n sei se de lado
com certeza de quatro
nele cabe mais um

oco e escuro
me tira o sono   o eco
lá no fundo   dá pra ouvir
q sonho   q só   q sonho
só n parece em nada
com o chato do meu peito

CADERNO DOS AMASSOS

URINOL

poesia é fazer
banheirão
com duchamp

GENÉRICO

tão poeta
tão óbvio ele
certeza já transou ouvindo *transa*

CINÉFILO

ele n comeria pipoca
vendo um bom filme
ele n comeria essa palavra
tão emocionada   n
ele tomaria um vinho

— *Seco, por favor, um François Truffaut!*

SUGESTA

o livro prostrado
na duna ele de short
me mordo de vontade
quando vejo de relance
a capa do proust

eu queria ser ele
um livro todo aberto
queimando no calor
desse foguinho tatuado
naquela coxa dele

vc sempre fura todas as filas
como eu faço um furo neste poema

ele é gato   eu sou cachorro

— *Um dinossauro que fazia au au.*

avia   o q cê tá esperando
vai   faz um furo em mim
chama meu cu de buraco

quando um papagaio imita
outro papagaio
isso é metalinguagem?

o q vc quis dizer com

— *Eu to aqui no bulls.*

um bar
ou um bus

cê tá num ônibus
ou foi um boi?

SUSPEITO

vc diz q saudade
é igual fome mas
n sei se te entendo

saudade é igual fome
pq é falta   e fome
é uma metáfora e
n um problema social

nesse caso   n é fome
literal   ou pq fome
é tipo igual larica
quanto mais cê fuma
mais saudade cê tem?

ASTRONAUTA

Mente vazia
oficina do
Octavio Paz
LIVRO DOS POETEIROS

n é q nada faça sentido
mt pelo contrário
william   meu caro
vc queria ser uma galáxia
e eu te digo q tudo é texto
tudo comunica
taí na tua cara

vc bebe água pela boca
pq n faz sentido bebê-la pelo nariz
tudo é texto   tudo

— *Suas narinas sangram chocolate.*

pq só assim
n morreríamos engasgados

CORNO

                              a mitologia existe
                                   pq vc amor
                                 é um centauro
        de quatro   um belo cavalo
        em pé   rebolando na avenida
        de farda   trotando pro trabalho
                                  quando vc passa
                              galopa galopa galopa

30 q bicho manso   dizem de lado
    deve ser de sagitário
    metade homem   metade chifre

PIPOCA *(TODO MUNDO COME)*

sempre me disseram
q o djavan
só tem uma música

eu e ele dançando junto
tbm nos disseram
q só se ama uma vez

lilás em looping
e eu e ele aqui outra vez

REI DO ANIMAL

           gato é o cão
          zuca sardanha
            por exemplo
          zuca sardanha
          vc é um gato e
         eu sou cachorro
          zuca sardanha

    é o cão é o cão é o cão

enquanto eu tiver
língua pele áspera
cê n perde por esperar

enquanto isso
me responda pfv
só mais uma coisa
eu ainda posso tentar?

certamente   meu livro
n o livro q escrevi mas   aquele q vc pegou
por empréstimo   tão íntimo
no teu quarto   o meu livro
emprestado   dum lado
pro outro   rebolado
amassado   até fechado
verá vc pelado

então diz aí

o q cê tá esperando
pra virar esta pg

CAPA DURA

um livro de poemas
passa na frente
salta a estante
n vê preço   n vê gente
n vê pulmão   o órgão das emoções

um livro de poemas
chegou para ver
outro livro de poemas

TERMÔMETRO DE PLÁSTICO

IDÍLIO SUJO

tarde barrenta
como água de chuca
mt mais do q benta

MARCINHA

a culpa é cristã
a culpa é cristã
a culpa é cristã

marcinha
escuta a marchinha
n vamo deixar
pra se beijar amanhã

INFERNO (EM PEDAÇOS)

no bloquinho
batucando com as unhas coloridas
na borda de um copo de cerveja
como se fosse minha vida
frágil quando plástico
dura quando vidro

olhei nos olhos
fisguei inteiro
disse apenas por lábios
me rasga
me quebra
finge q me ama
se derrama

foi o q disse
fui ao chão
ele n entendeu nada
e fez o gesto com a mão

coçou o saco
virou o copo
virou a cara

acho sem graça
ser ateu
se deus n existe
como poderia eu
dizer vi um deus
bebendo heineken
trocando balinhas
me negando beijinhos
me dizendo adeus?

pq meu coração diz para
quando tem tua nude
no meu feed?

— *O amor num vem cum filtro?*

SURFISTA

fuçando o feed dele
algo chama minha'*tensão*
eles são tão parecidos
os mesmos olhos

— *E um jeito de menino que tá sempre indo embora.*

são felizes   n têm filtro
escrevem sobre as mesmas coisas
e ainda usam camisa de botão
e essas legendas tão bregas

gostam de praia os dois

fico enrolando
presto mais atenção
quem vê sunga não vê coração

— Tem pau na paisagem?

e aquele volume
será q o tamanho do pau
tbm é o mesmo?

sem enrolação diz aí
faz careta quando goza
na cara na cama
ou tu diz caralho?

meu bem
vamo abrir a roda
essa auréola sagrada
vamo enlarguecer

meu bem   fisting
teu infinito   é o ombro
abre a rodinha pfv

ALIADO

— Não quero efeito, eu quero afeto.

ai dento   companheiro

o q ele quer é um golpe
e uma rola bem grossa
atravessada no meio do olho
desse rabo véi dele

eu vejo mt pomba mole

— *Com que frequência?*

o tempo todo

PRESENÇA

                                         eu te vi
                                       no centro
                                         espírita

— *Cê mexeu demais comigo.*

                                  arrepiei   pensei
                                 encontro de almas
                                  quando cê passou
                                    frio   por mim

BELELÉU

TIRO CEGO

> *Meu suor no espelho*
> *outro tiro certeiro*
> *no box do banheiro*
> LIVRO DOS ÓLEOS

passava horas no banho
só no tapa tapa tapa
n ouvia mais convite
se ia demorar
nem se preocupava
com a água do planeta

no começo era lento
agora ele tinha prática
era fácil imaginar

as costa larga feito touro
a bunda de cavalo desse tamanho
como cavalgava aquele velho potro

— *É a minha primeira vez cum homi.*

ele acredita que me engano
pensa q sabe mentir
o homem q eu mamo

FALSO AMOR

um dia vc vai amar
alguém como vc
nunca amou antes

vc vai se sentir perdido
e até encontrará consolo
no q um dia disse
clarice lispector
sobre se perder

— *Perder-se também é caminho.*

acho q foi o q ela disse
um dia vc vai mamar
alguém como vc
nunca mamou antes
vc vai se sentir perdido
e até duvidará de si mesmo

tempos depois de mt mamar
alguém como vc nunca amou antes
vai descobrir q mamar assim
perdidamente
talvez n seja amor
talvez seja uma ausência

q n se cura
com alguém como vc
nunca mamou antes
talvez o amor

guardo muitas imagens dele
é tão lindo   quando nos sonhos
ele cita walt whitman pra mim
e me pergunta se eu lembro

— *O inferno são os outros, você lembra?*

o inferno somos nós
ele me diz

— *Não seja meu inferno, Caio, por favor, não seja.*

é tão lindo
quando ele vem à noite
por trás das cortinas

MASSOTERAPEUTA

impossível n sentir
dores nas costas
quando vejo ele
impossível n sentir
hérnia de disco
escoliose paralelismo miúdo

ciática   amor
borboletas no estômago
são coisas do passado
a moda agora é
torcicolo no teu rabo

massagem tântrica　　chuchu
　　pés de fada　　mon amour
　　cuida de mim　　por favor
　　　　　　e n da minha avó

DR. SANDRA LEE

tô com um olho nas costas
tá inflamado   n arde n coça
e ele n tá aqui

mas se ele estivesse aqui
se ele n tivesse gastura
de espremer espinhas
talvez eu n precisasse
dos seus serviços
talvez ele me ajudasse
a extrair tudo o q tem
de ruim de dentro de mim

ou pelo menos tudo isso
q eu n posso ver
q tá bem aqui
na minha testa

volta
vem viver outra vez ao meu lado
meu vizinho n aguenta mais
a mesma ladainha
o mesmo xororó

meu vizinho do ap do lado
tá insuportável
ontem brigou com a mulher
hj me espera no hall
onde é proibido
fumar cigarro

EFEITO ESPECIAL

Fotografar é ver o que me olha
WALTER CARVALHO

blue is a losing hand
o amor é alguém entrando
na geometria da sua mão
se você olhar pra trás
e fizer silêncio
ainda poderá ver nós dois
ouvindo radiohead
à meia noite   vale pontuar
fumando só mais um
trêbados & apaixonados
perdidos & chapados
no tapete da minha sala
segundos antes de perceber
o quão funcking special
and creep   he is to me

vc verá eu piscando e sorrindo
olhando bem aqui neste verso
bem no fundo dos teus olhos

JOCK STRAP

                tantos dildos q comi
         tantos consolos q engoli a seco
              pelo interfone   taí
            eu dei o cu pra vc gastar
            fui tropeiro   fiz pirraça
            emprestei até meu isqueiro
           pra tu acender outro cigarro
             o fumo q eu mesmo bolei

         e com o fogo aceso do meu rabo
         fiz de um tudo pra vc correr atrás
             fui malandro   fui bandido
            de quatro   um belo cavalo
               fiz a linha e a fera
            fui noviça monge e rebelde

era uma estratégia
eu fiz de um tudo pra ele ficar
talvez querendo a glory hole
talvez apenas uma rapidinha
outra foda   à luz de spots
queimando apenas um fininho
mas tantas   tantas fiz

meu hater de estimação
cê teve muitas chances
de esmurrar minha cara
de soltar seus cachorros
de agir violentamente contra meu rabo
me atropelar virar meu disco ao contrário
afundar o canudo do meu toddynho
quebrar minhas pernas
morder meus lábios
me viciar em drogas baratíssimas
me passar uma doença sem cura
me cuspir inteiro

meu hater de estimação
foi-se o tempo
de me passar na peneira
beijar o santo e o altar
fazer cena
fincar sua bandeira

agora n pigZÃO
peligro soy yo
n te esquecer
sempre quando tô triste
e quero me matar
te beijando feito a deus
te adorando pelo avesso

FURRY

quis ver até onde eu iria
na minha cara   ele ria
de mim enquanto eu chorava
melting   like an ice cream

pedindo pra ele voltar
pq vc sabe   q no amor
quando eu tô feliz
me sinto um legítimo au au
um golden retriever mimado

mas agora q ele me deixou
tô triste vê um snoop na banheira
abraçado ao vinil do raça negra
triste & felpudo   triste & encardido

pq vc sabe   no fundo vc sabe
q no seu prato eu era só
um frango empanado
um ursinho pimpão
pra tuas noites de pesadelo
com esse olhar pidão

OTÁRIO

eu nem me preocupo
se ele faz o que eu n fiz
eu sei   eu me garanto

mas o estrago que vc fez em mim
e o estrago q eu fiz em ti
eu tenho certeza q ele n faz

no fim das contas
nossas mães estão certas
eu sou um pervertido
e quem perde tudo aqui
é vc

cego de amor eu deixo
quando digo a ele
q é um ótimo plano
dar uma escapadinha
no banheiro da festa
e uma dose do meu leite
mira os olhos dele
e depois todos perguntam

— *Tá usando o quê?*

e diz nada n
sorriso envergonhado
quando apontam

— *O que é isso na tua barba? Tá preguento teu cabelo.*

tbm n sei explicar melecas
resquícios do meu amor por ele

CONTATIM

na cozinha
onde te esperava pro jantar
preparei teu dildo ao molho
sem sal sem afeto   ao forno
como era de se esperar
vc n veio

num disse q vc n vinha

eles nunca voltam

deixei esfriar
e servi o dildo picado
ao cachorro

enquanto tomo banho
me sinto fino tal qual
uma banheira de espumas

sim   estou chapado

ele ainda me pergunta se estou chapado

sim   estou chapado

o amor não volta e
a solidão é uma brisa   uma bicha
com o cu chei de droga

enquanto tomo banho
eu queria q ele tivesse aqui
me estendendo a toalha dizendo

— *Bandeira branca, amor.*

me dizendo paz
pra me salvar desse buraco
em q tá tudo indo pelo ralo

RUA BANDEIRA

> *Eu só queria dormir*
> *e acabei me lascando*
> *Eu só queria me lascar*
> *e acabei me fudendo*
> LETH NOVAES

aí o amor atrasa

— *O amor é sempre atrasado.*

às vezes o amor n dorme
às vezes o amor

— *Uma pulga atrás da orelha.*

às vezes o amor
noites de insônia
às vezes a paixão
um freio na cueca

às vezes um beijo
uma bochecha arrancada no dente

coisas do brasil

— *O amor é uma coisa que dá sono.*

tantos tapurus nessa parede

ANTI-HERÓI

       passei a noite toda
  levando pica da muriçoca
mas cê sabe   no fundo cê sabe
   o q eu quero   quero-quero
       é ser todo picado
        pela tua piroca

NO FACE

quando ele chegar
batendo a minha porta
me pedindo deixa entrar
seja ele quem for

quem ele pensa q é?
o q carrega nas mãos?
o q traz nos bolsos?

pq sua boca
é batom?
é sangue?
q mancha é essa?

são só palavras?
era esse o silêncio q n sabia fazer falta?
o q te dizer depois de tanto tempo?
pq suas unhas n crescem nunca?

p/ vampiro

a casa onde moro
me dá segurança
e pode me matar

a casa onde moro
tem muitos objetos
cortantes como facas
vasos isqueiros papéis
muitos papéis

a casa onde moro
recebe muitos rapazes
como um inquilino
vê um vampiro
apenas por uma noite

n traz nada de afiado
no bolso nos cabelos
a n ser a língua q
sempre me leva pra cama
como alguns poemas
e me sufoca
como alguns poetas
por noites seguidas

a mão tapando a boca
a mão tateando a bunda
os olhos pedindo socorro

TATUADO

a lua cheia no ombro
vê uma melancia
velha já esverdeada
n tem crateras nem mistérios
alguns cravos e espinhas

satélite natural da terra sei
sem brilho toda desbotada
n atrai uivos quando passa
nem interfere nas marés
por isso n usa regatas
só cobre com as mangas
da camisa amassada
essa esfera oca tão vibes
de tons acinzentados

conhecer de perto
bonita as espinhas
tão velho   cansado
a barba rala   essas falhas

estranho
n era assim na foto
n vem com filtro
n alcança a estante
mt menos é engraçado

tá tão diferente
n mudou nada

— *Nunca te vi antes.*

Tudo que se passa aqui
não passa de um nó frágil
LIVRO DOS ENGODOS

sei q vc esteve aqui
quando gasto horas
tirando da boca
como quem tira da cartola
uma sequência de coelhos
como quem tira da boca
tecidos e tecidos coloridos
um ao outro amarrados
os teus pelos

— *O amor é um efeito especial.*

parece mágica   eu penso
se ele n é o chewbacca
muito menos o tony ramos
tirar os pentelhos dos meus dentes
um a um os pelos da garganta
se isso tem alguma coisa
a ver com o tempo

DUMB

>   aos poucos eu vou
>   me despedindo de vc
>
>   bixinho   eu n queria
>   q terminássemos assim
>   eu ainda posso ouvir
>   *high and dry*
>   e me lembrar de vc
>   n tem como ouvir
>   radiohead
>   e n me lembrar de vc
>
>   vc era tão parecido comigo
>   mas eu penso q os dias
>   duram anos   e eu penso q
>   chega uma hora em q a poesia
>   começa a falar de vc
>   no passado   e assim
>   se eu fecho os olhos
>
>   eu começo a decifrar

— *There's a light that never goes out.*

TURISTA

>pior do q nunca mais
>te encontrar anos depois
>é te encontrar anos depois
>e saber q vc esqueceu
>de falar minha língua

CARNE FARSA

Ao som de *Veneno*, de Marina Lima.

lá no benfica tem um garoto chamado manel
ele é o gozo do meu paraíso
ele é o osso do meu paraíso
ele é o poço do meu paraíso
ele é o grosso do meu paraíso

ele é o gozo
ele é o gozo
ele é o gozo

COMPANHEIRO

o seu novo amor é o futuro

— *Sempre atrasado.*

hj tá doente
ou pegou o beco do trabalho
tropeçou   sofreu um acidente
morreu   tá preso
ganhou na loteria
mora em madagascar
ama um amor interminável
ou tá casado com uma mulher

AMOR NOVO

mensagens enviadas enquanto você estava desconectado
RAISA CHRISTINA

sem um pingo de desejo
como são os amores
que não morrem cedo
ANA GUADALUPE

a pele do óleo tbm é erótica
tbm é erótica o óleo da pele dele
a casca a caspa a cabeça calva

tbm é amor
o pelo dele encravado
no meu sabonete

meu NOVO amor
n tem uma boca
tem boqueira
meu NOVO amor
n tem um pau
tem mamadeira

meu NOVO amor
cheira a rexona   cheiro fortíssimo
isso quando é começo de mês
e lhe sobra um dinheirinho
isso quando é de noite

de manhã   quando acorda
meu NOVO amor
cheira a suvaco azedo
e começa o dia
com abraços e beijinhos
bem de pertinho
um bom hálito   de longe
um cheiro q n é de colgate

nessa boca linda
q lhe faltam palavras
e alguns dentes

meu NOVO amor
quase n me escuta
será q ele me ouve

— *Você me ouve?*

com certeza etc
tem cera no ouvido

meu NOVO amor
é mt feliz com suas olheiras
sabe ele q um dia
eu poderei lhe abandonar
ou maltratar   ou julgá-lo mal
pra viver só com as minhas

mas suas olheiras n
elas tão sempre lá
noite após noite
horas intermináveis
de insônia e trabalho

suas olheiras são
sempre fiéis
nunca o abandonarão
certo ele q sabe disso

meu amor
sua carne é farsa

CONTAGIOSO

vc amor
vc é coceira
n termina nunca
n um chato qualquer   uma xanha
mas doença sem cura
de nome impronunciável

CACHORRO

                    vc encontraria carrapatos
                na minha virilha nada aparada
            pelos encravados   eu avisei
                 sofri de violências e descuidos
                       vivendo só de solidão

              carrego aqui nas minhas tranças
        uma comorbidade inteira de desafetos

— *Eu avisei.*

              te disse q agora n tem contorno
            então cata-me   por hora
                      esta pulga tbm

CADERNO DOS NOMES

DANIEL

                                    este poema é pra você
                                    n sei se vou publicá-lo
                                  mas aqui eu vou escrever
                                    o q eu quero te dizer

                                  vc sabe q eu sempre te achei
                         a pessoa mais engraçada do mundo
                            vc sabe q eu até quero q um dia
         vc faça teatro   pelo menos uma aula
                            n precisa ser de interpretação
                              n precisa largar o futebol
         é só pra vc experimentar uma aula de teatro
                              de stand up ou de atuação
  mas n é sobre isso q este poema fala   tbm

— *Poema nem fala.*

                            posso escutar vc dizendo

— *E poema fala?*

                         eu posso escutar vc dizendo
                         então este poema n fala
        mas é q eu li um poema   da catarina lins
            um longo poema   ou um poema médio
                                   em q ela diz

— Não pode ser piada porque já dura muito tempo.

                  na verdade ela n diz   o poema n fala
                      n é dela a voz   do poema
n há eu lírico na poesia contemporânea   n sei o quê

          risinho modernista arranhado na garganta
                              é o q dizem

     mas n é sobre o eu lírico   da poesia contemporânea
              q eu quero te dizer   tbm
                aliás eu tbm n falo aqui
       pelos mesmos motivos q eu te disse aqui

    este poema poderia ser mais curto   eu sei
       eu poderia ter colocado outro título
eu poderia ter abreviado o nome da catarina lins   c. l.

                              mas eu n disse nada
                          mas eu n coloquei nada
                          mas eu n abreviei nada
eu apenas coloquei o verso do poema da catarina lins   *em*
                                           itálico
                         como vc pode ler aqui

— Não pode ser piada porque já dura muito tempo.

eu só escrevi este poema pq eu lembrei
quando eu li o poema
uma volta ao teatro do mundo   da catarina lins
que piada   humor
é uma questão de tempo   lembra
quando vc começava a esticar uma piada
e a piada perdia a graça?

— *E piada perde a graça?*

eu posso escutar vc dizendo
mas piada n perde a graça
nem estica
acho q a piada perde o tempo   timing

timing é uma expressão q eu sempre escuto
eu sempre escuto alguns humoristas falando
q o timing é fundamental pra piada

o humor é uma questão de tempo
dandan   o timing é sempre muito cruel
e vc tem apenas alguns anos   pouco tempo
para n perder esta piada
dando voltas no mundo

eles ainda me querem
minha bunda ainda tá dura
sou alto   escuto bem
meu pau continua subindo

eles ainda me querem
tenho 28 anos   já n sou um novinho
mas tbm n tô pra morrer   ainda n

lá de baixo o vizinho
me oferece cookie gourmet

eles ainda me querem
na construção   a caminho do trabalho
ainda escuto assobiarem meu nome

tem coisas na vida boy
q n se cola
n se remenda jamais

— *Nem com muito cuspe. Nem com muita porra.*

n há punheta q faça esquecer
super bonder ou cola de sapateiro
n tem kintsugi q dê jeito
de nada adianta
o amor por exemplo

NINA

as coisas n me deixam te ler
já tentei de tudo mas
as coisas n me deixam te ler

bebi mt ontem à noite
acordei de ressaca e
n consegui te ler

fui beijar meu benzinho
fiz carinho   ele quis trepar
e n consegui te ler

me limpei
levantei
fiz café
botei mesa
e roupa pra lavar

fiquei de bucho cheio
a ressaca n passou
e n consegui te ler

despachei meu benzinho
fui fazer faxina
fiquei mais cansado
e a faxina e a ressaca e o cansaço
n me deixaram te ler

armei rede na sala
liguei a tv
disse *ai ai*
lembrei do meu benzinho
fiquei com saudade
deu dor de cabeça
e a tv e a saudade e a dor de cabeça
n me deixaram te ler

fiquei com fome de novo
 liguei o fogão   tinha gás
graças a deus
esquentei o que sobrou
botei no prato
raspei o prato
mandei mensagem pro meu benzinho
pedindo q ele voltasse
sim   tive sede
fiquei com preguiça
voltei pra rede
benzinho n me respondeu
bati uma punheta
e a fome e o gás e as sobras e o benzinho e a sede e a punheta
n me deixaram te ler

disse n é possível
como é q pode

uma coisa dessa
q diabo é isso

lembrei do trabalho
antes de ser demitido
quando só podia te ler
no ônibus   em pé
mochila   peso nas costas

eu era professor e
nem o trabalho
nem o trajeto
nem meu chefe
nem os outros
passageiros
nem o peso
queriam me deixar te ler

amiga   capotei
lembrando do trabalho
isso tbm é trabalho
trabalho tbm foi sonhar contigo
mas lá tinha tambor
e vc lia pra mim

seus cabelos eram mapas
da fuga pro teu peito
onde eu me encostava
e podia te ouvir

dessa vez acordei
sem atraso
sem ressaca
sem benzinho
sem trabalho
sem faxina
sem fome
me belisquei e
aproveitei pra te ler

é amiga
obg por avisar
a gnt sempre fracassa
diante do desejo do outro

tô te escrevendo este poema
só pq vc me desafiou
só pq no fundo no fundo
eu sei q cê tá implorando
eu sei lucas o q vc quer

vc quer q eu te escreva este poema
pq eu sugeri te escrever um poema
só pra te levar pra cama de novo
pq eu n sou tão genial lucas
muito menos chego aos pés
do flerte genioso encontrado no x
e esse x n esconde tesouro algum
e sob o fundo preto da toca oca
as primeiras caixas de mensagem
coelhos saltando da cartola
as mensagens enviadas em vida
diziam às 22:58

lucas   transei com ele
ele disse q tem tdah
e tá com hiperfoco no meu roxinho
e não dar meu roxinho lucas
seria capacitismo

— *Caio, num vô nem mentir que eu daria de novo só pela capacidade de elaborar um negócio desses.*

genial vc diz?
é sério lucas?
é sério q era tão fácil assim?

— *Não pode ser sério porque já dura muito tempo.*

e eu aqui te escrevendo poemas lucas
e tomando bupropiona 300 ml às 9h30
e mais o azuzim da prep

e agora lucas
q eu publiquei este poema sobre vc
o q vc vai fazer?
pra qual buraco vc vai correr hein?

risco no disco
ninguém gosta de toddy
eu por exemplo
prefiro o tédio
ao tinder

VITAL

q tragédia
n sei mais o q fazer
minha vida tá por um triz
tudo agora depende dum gorro
amarelo q vi na shopee

CARA LEITORA, CARO LEITOR

A **Cachalote** é o selo de literatura brasileira do grupo **Aboio**.

Lemos, selecionamos e editamos com muito cuidado e carinho cada um dos livros do nosso catálogo, buscando respeitar e favorecer o trabalho dos autores, de um lado, e entregar a vocês, leitores, uma experiência literária instigante.

Nada disso, portanto, faria sentido sem a confiança que os leitores depositam no nosso trabalho. E é por isso que convidamos vocês a fazerem cada vez mais parte do nosso oceano!

Todas as apoiadoras e apoiadores das pré-vendas da **Cachalote**:

> **— têm o nome impresso nos agradecimentos dos livros;**
> **— recebem 10% de desconto para a próxima compra de qualquer título do grupo Aboio.**

Conheçam nossos livros e autores pelo site **aboio.com.br** e siga nossos perfis nas redes sociais. Teremos prazer em dividir com vocês todos nossos projetos e novidades e, é claro, ouvir suas impressões para sempre aprendermos como melhorar!

Embarque e nade com a gente.

Cada livro é um mergulho que precisa emergir.

APOIADORAS E APOIADORES

Agradecemos às **151 pessoas** que confiam e confiaram no trabalho feito pela equipe da **Cachalote**.
Sem vocês, este livro não seria o mesmo.
A todos os que escolheram mergulhar com a gente em busca de vozes diversas da literatura brasileira contemporânea, nosso abraço. E um convite: continuem acompanhando a **Cachalote** e conheçam nosso catálogo!

Adriane Figueira Batista
Alexander Hochiminh
Allan Gomes de Lorena
Ana Beatriz Morais de Oliveira
André Balbo
André Costa Lucena
André Pimenta Mota
Andreas Chamorro
Andressa Anderson
Anthony Almeida
Antonio Pokrywiecki
Arthur Larena Negrão
Arthur Lungov
Átila Frank Moura Sousa
Beatriz Miranda Faria Gomes
Berg freitas

Bianca Monteiro Garcia
Caco Ishak
Caio Girão
Calebe Guerra
Camilo Gomide
Carla Guerson
Cecília Garcia
Cintia Brasileiro
Claudine Delgado
Cleber da Silva Luz
Cristina Machado
Daniel A. Dourado
Daniel Dago
Daniel Dourado
Daniel Giotti
Daniel Guinezi

Daniel Leite
Daniel Longhi
Daniela Rosolen
Danilo Brandao
Denise Lucena Cavalcante
Dheyne de Souza
Diogo Mizael
Edmar Guirra
Eduardo Rosal
Eduardo Valmobida
Elizabeth Lucas Bruno
Emmanuel Rodriguês Andrade
Enzo Vignone
Fábio Franco
Febraro de Oliveira
Flávia Braz
Flávio Ilha
Francesca Cricelli
Francisco Vitor Macedo Pereira
Frederico da C. V. de Souza
Gabo dos livros
Gabriel Cruz Lima
Gabriel Stroka Ceballos
Gabriela Machado Scafuri
Gael Rodrigues
Gardenia Holanda
Giselle Bohn
Guilherme Belopede

Guilherme da Silva Braga
Gustavo Bechtold
Henrique Cosmo da Costa
Henrique Emanuel
Henrique Lederman Barreto
Ilza Brenda Sampaio Ribeiro
Ivana Fontes
Jadson Rocha
Jailton Moreira
Jefferson Dias
Jessica Ziegler de Andrade
Jheferson Neves
João Luís Nogueira
José Dércio Braúna
José Soares Neto
Júlia Gamarano
Júlia Vita
Juliana Costa Cunha
Juliana Slatiner
Júlio César Bernardes Santos
Laís Araruna de Aquino
Laura Redfern Navarro
Leitor Albino
Leonardo Pinto Silva
Leonardo Zeine
Letícia Romana
  Oliveira de Sousa
Lili Buarque

Lolita Beretta
Lorenzo Cavalcante
Luan Lemos Sales
Lucas Ferreira
Lucas Gonçalves Dias
Lucas Lazzaretti
Lucas Rodrigues De Souza
Lucas Verzola
Luciano Cavalcante Filho
Luciano Dutra
Luis Felipe Abreu
Luísa Machado
Manoela Machado Scafuri
Marcela Monteiro
Marcela Roldão
Marcelo Conde
Marco Bardelli
Marcos Vinícius Almeida
Marcos Vitor Prado de Góes
Maria das Graças de Lemos Cid
Maria F. V. de Almeida
Maria Inez Porto Queiroz
Mariana Donner
Mariana Figueiredo Pereira
Marina Lourenço
Mateus Magalhães
Mateus Torres Penedo Naves
Matheus Picanço Nunes
Maurício Rosa Santos
Mauro Paz
Mikael Rizzon
Milena Martins Moura
Natalia Timerman
Natália Zuccala
Natan Schäfer
Otto Leopoldo Winck
Paula Maria
Paulo Scott
Pedro Neto Oliveira de Aquino
Pedro Torreão
Piera Schnaider
Pietro A. G. Portugal
Rafael Mussolini Silvestre
Renata Froan
Renato Alves Maciel
Ricardo Kaate Lima
Rodrigo Barreto de Menezes
Ruanna Vieira Carvalho
Samara Belchior da Silva
Sayonara Freire
Sergio Mello
Sérgio Porto
Talita de Lemos Araujo
Thais Fernanda de Lorena
Thassio Gonçalves Ferreira
Thayná Facó

Tiago Moralles
Valdir Marte
Vitória Correia Queiroz Cavalcante
Wanderley Neves
Weslley Silva Ferreira
Yvonne Miller

PUBLISHER Leopoldo Cavalcante
EDITOR-CHEFE André Balbo
REVISÃO Veneranda Fresconi
ASSISTÊNCIA EDITORIAL Nelson Nepomuceno
DIREÇÃO DE ARTE E CAPA Luísa Machado
COMUNICAÇÃO Thayná Facó
COMERCIAL Marcela Roldão
PROJETO GRÁFICO Leopoldo Cavalcante
ILUSTRAÇÃO DA CAPA Dresseur D'Animaux (1923), por Francis picabia

© da edição Cachalote, 2024
© do texto Caio Balaio, 2024

Todos os direitos reservados. Nenhuma parte desta obra pode ser reproduzida, arquivada ou transmitida de nenhuma forma ou por nenhum meio sem a permissão expressa e por escrito da Aboio.

Grafia atualizada segundo o Acordo Ortográfico da Língua Portuguesa de 1990, que entrou em vigor no Brasil em 2009.

Dados Internacionais de Catalogação na Publicação (CIP)
Aline Graziele Benitez - Bibliotecária - CRB-1/3129

Balaio, Caio
   Beleléu / Caio Balaio. -- 1. ed. -- São Paulo : Cachalote, 2024.

   ISBN 978-65-83003-21-8

   1. Erotismo na literatura 2. LGBT - Siglas 3. Poesia brasileira I. Título.

24-222603   CDD-B869.1

Índices para catálogo sistemático:
1. Poesia : Literatura brasileira

[2024]

Todos os direitos desta edição reservados à:
ABOIO EDITORA LTDA
São Paulo — SP
(11) 91580-3133
www.aboio.com.br
instagram.com/aboioeditora/
facebook.com/aboioeditora/

[Primeira edição, outubro de 2024]

Esta obra foi composta em Adobe Garamond Pro.
O miolo está no papel Pólen® Natural 80g/m².
A tiragem desta edição foi de 300 exemplares.
Impressão pelas Gráficas Loyola (SP/SP)

A marca FSC® é a garantia de que a madeira utilizada na fabricação do papel deste livro provém de florestas que foram gerenciadas de maneira ambientalmente correta, socialmente justa e economicamente viável, além de outras fontes de origem controlada.